Ana Cristina Vargas

Natural de Pelotas, Rio Grande do Sul, é formada em Direito. Aos 17 anos, iniciou o estudo da doutrina espírita e a educação das faculdades mediúnicas. Em 1998, juntamente com um grupo de amigos e o apoio da espiritualidade, fundou a Sociedade de Estudos Espíritas Vida, uma instituição que tem como lema: "Educação para a vida com liberdade e responsabilidade". É autora de mais de uma dezena de romances psicografados, muitos deles publicados pela Editora Vida & Consciência.

Capa: Vitor Belicia
Projeto Gráfico: Vitor Belicia
Preparação: Mônica Gomes d'Almeida
Revisão: Cristina Peres e Sandra Custódio

1ª edição — 1ª impressão
10.000 exemplares — outubro 2013
Tiragem total 10.000 exemplares

Dados Internacionais de Catalogação na Publicação (CIP)
(Câmara Brasileira do Livro, SP, Brasil)

Vargas, Ana Cristina
Momentos de inspiração com Ana Cristina Vargas. —
São Paulo : Centro de Estudos Vida & Consciência Editora, 2013.

ISBN 978-85-7722-273-5 (capa dura)
ISBN 978-85-7722-268-1
1. Espiritualidade 2. Livros de frases
3. Reflexões I. Título.

13-11043 CDD-808.882

Índices para catálogo sistemático:
1. Frases : Reflexão : Literatura 808.882

Esta obra adota as regras do novo acordo ortográfico (2009).

Editora Vida & Consciência
Rua Agostinho Gomes, 2.312 – São Paulo – SP – Brasil
CEP 04206-001
editora@vidaeconsciencia.com.br
www.vidaeconsciencia.com.br

Momentos de inspiração

com Ana Cristina Vargas

Ana Cristina Vargas apresenta uma seleção dos melhores fragmentos de seus grandes sucessos, como *Em busca de uma nova vida* e *Intensa como o mar*, nesta obra que vai tocar o seu coração e conduzi-lo no caminho da verdadeira espiritualidade.

A vida é uma enorme caminhada. Todos, neste planeta, somos nômades, estamos em trânsito. Aqui nada nos pertence, são empréstimos: a vida dá e tira. Aproveite o que ela traz de melhor e viva em paz.

É a lei da atração que conduz ao amor, para o qual é imprescindível um conhecimento mais profundo. O exterior atrai; o interior cativa.

Cada um de nós colhe exatamente o que planta dentro de si, nem mais nem menos. Por tudo isso, a vida é justa. Renove suas escolhas e terá um futuro melhor.

A vida não nos dá o que pedimos quando queremos nem como desejamos, mas nos oferece tudo de que necessitamos no tempo e da maneira certa.

A morte pode afastar temporariamente os que se amam. Mas nos buscamos no Universo unidos pela atração do amor, que é tão poderoso rompendo as barreiras do invisível.

O amor não é escravidão nem apego. É sentimento que liberta e traz a expressão da alma contagiando a todos, convidando ao convívio da harmonia dos verdadeiros valores espirituais.

A vida, com frequência, proporciona-nos encontros providenciais com ideias que nos auxiliam em momentos decisivos. Elas chegam às vezes por meio de um livro, de uma música, de uma poesia ou no diálogo inesperado com alguém, e vêm na hora exata.

Quem caminha
com confiança
em si e em Deus
está seguro.
Segue na vida
com firmeza e
atrai sempre o
melhor.

É intrínseco ao ser humano o dom e a necessidade de comunicação. A vida em sociedade é uma lei natural e, para atendê-la, somos criaturas sociáveis, comunicativas. (...) Os gestos, os gostos, o tom de voz, a expressão da face, a postura do corpo, as cores que apreciamos, os cheiros... enfim, tudo que exteriorizamos comunica o que carregamos na alma.

Como as oportunidades de aprendizado são sempre renovadas, chega o dia em que somos bons servidores da vida, entendemos o dever de multiplicar e desenvolver os talentos que o Senhor nos confiou. Ou seja, de extrair de cada oportunidade um aprendizado capaz de fazer germinar as sementes de espiritualidade, de humanidade plena que temos no íntimo.

Nossas vidas acabam valendo pelas horas em que fazemos coisas desinteressadamente pelos outros, apenas porque nos dá prazer. Quem não vive para ninguém desperdiça o tempo e a oportunidade.

O tempo pode ser o grande talento que o Senhor da Vida nos concede; alguns recebem maior número de anos, outros menos, mas a aplicação deles, o aproveitamento, o que renderão em maturidade para o espírito é o que interessa.

É interessante como a segurança do amor dispensa as trivialidades tão comuns nas paixões físicas. O amor fala uma língua maior e mais poderosa que qualquer convenção humana. Ele equilibra nossa alma e conforta o nosso espírito.

Há uma solidariedade tão grande, um diálogo tão intenso entre o passado e o presente, que ecoa no nosso futuro.

Defino felicidade como um concerto de virtudes: alegria, amizade, amor, tranquilidade, entusiasmo, prazer de viver são algumas das notas presentes quando estamos felizes. Ela não apaga nossos defeitos, nem é a ausência de problemas e sofrimento, mas nos oferece a capacidade de conviver com eles e superá-los.

Ouça as pessoas, mas não apenas com os ouvidos. Ouça com a alma, o coração e o pensamento.

Siga o seu caminho e saiba que cada ser no universo cumpre um projeto divino pessoal e intransferível, assim jamais considere saber o que é melhor para o outro. Cada um de nós é único. É por isso que ninguém recebe o que pertence a outro.

As situações difíceis da vida não se resolvem aos atropelos, tampouco escondendo-se a cabeça no primeiro buraco que encontrar. Todas as coisas têm dois lados, nós é que definimos qual queremos ver e experimentar. Sempre recebemos da vida o que escolhemos viver.

O pior medo que podemos abrigar é o imaginário, ou seja, o medo daquilo que não podemos confrontar com a razão ou com o verdadeiro sentido da vida.

Nem sempre
precisamos sofrer
para aprender;
mas sempre o
aprendizado é repleto
de ensinamentos que
ampliam e libertam as
capacidades da alma.

Refazer caminhos quanto ao entendimento da naturalidade da experiência humana, dentro ou fora da carne, é libertador, por excelência.

As lutas do amadurecimento e do crescimento não são isentas de sofrimento, e isso não é mau, é apenas uma necessidade em determinado estágio de consciência.

Os seres humanos manifestam-se no convívio em sociedade por suas atitudes. Revelam-se por suas palavras, única forma eficaz de exame de seu estado mental.

Se você pensa que a vida tem um roteiro, um caminho definido a seguir, esqueça. Somos criaturas mais livres do que sonhamos. Cada dia é uma página nova, uma folha em branco, desafio maior do autor. Será preenchida, escreveremos queiramos ou não, melhor dizendo, com consciência ou não do que estamos fazendo. Portanto, não espere a realização do futuro, faça-o acontecer agora.

As experiências duras da existência criam calos em nosso íntimo, mas eles não devem nos endurecer; apenas nos tornar mais fortes e aptos ao trabalho de crescimento interior. A necessidade é uma grande mestra, não há caráter que ela não transforme.

O comportamento é sempre mais confiável do que as palavras. A hipocrisia é a senhora das falas, mas não resiste ao embate do cotidiano. As atitudes do dia a dia não mentem.

Assim se constrói nossa evolução: vivendo as experiências do aqui e do agora, guardando no íntimo que o Criador espera de nós somente o possível, nada miraculoso, extraordinário ou fora da natureza. Você é quem constrói o caminho.

É sábio amar e, mais ainda, libertar-se de mágoas e ódios, pois se sentimos dor uma vez junto a algumas pessoas, isso deve bastar. Não há por que apegar-se ao que ou a quem nos faz padecer. O amor precisa transformar-se para atender às necessidades de cada etapa da vida.

Ouvir é ciência que exige aprimoramento pessoal, profunda noção de respeito e sensibilidade com a dor alheia.

Precisamos calar
o orgulho e o
egoísmo para ouvir
o que nos diz o
nosso semelhante.

Se existe algo que nunca deveremos parar de questionar são os "ses", "serás" e "porquês" do universo cultural em que nos inserimos.

Aproveite o que tem de bom enquanto está acontecendo, porque vai passar. E, quando estiver ruim, faça o mesmo: lembre que vai passar. Tudo passa. É a vida sempre nos impulsionando para a frente!

Podemos perder tudo nesta vida, menos o nosso passado. Por isso é tão importante cultivar bons momentos; para que ele seja cheio de boas lembranças. As coisas ruins acontecem porque não estamos cuidando das boas. Se todos os homens procurassem ocupar-se com o bem, o belo e o bom, não haveria maldade sobre a Terra. Sempre recebemos da vida o que escolhemos viver.

Conhecer os fatos que determinaram uma conduta é parte importante do autoconhecimento, mas é fundamental ter elementos — ideias novas — para que vejamos o presente e o futuro sob novo prisma.

Nada na vida é inusitado ou esquisito. Nós é que não entendemos, ou melhor, não observamos com a devida atenção os fatos, as coisas, as pessoas, e os julgamos inusitados e esquisitos.

Bocas mentem, tanto para dizer palavras lindas e elogios quanto para denegrir e caluniar; condutas são coerentes, ainda mais se observadas a longo prazo.

Todos nós somos espíritos imortais e, nessa condição, a vida é a constância e a morte um episódio, um portal de saída e entrada.

Viver é adquirir maturidade e sabedoria e, para isso, precisamos usar o patrimônio do tempo a nosso favor, cientes de que ele não para.

Constato que aprender a viver é valorizar o tempo e as nossas escolhas, e ter a consciência de que Deus me deu a vida para eu usá-la na construção do meu crescimento.

Lute por seus sonhos, não há alegria maior do que realizá-los.

Somos criaturas gregárias e sociais, por vontade de Deus. Toda forma de isolamento é contrária à lei natural.

Devemos aproveitar a vida conscientemente, sabedores de que ela é mais, muito mais, do que algumas décadas entre o berço e o túmulo.

Conheça os romances que fazem diferença na vida de milhões de pessoas.

Zibia Gasparetto

A verdade de cada um
A vida sabe o que faz
Entre o amor e a guerra
Esmeralda - nova edição
Espinhos do tempo
Laços eternos
Nada é por acaso
Ninguém é de ninguém
O advogado de Deus
O amanhã a Deus pertence
O amor venceu
O fio do destino
O matuto
O morro das ilusões
Onde está Teresa?
Pelas portas do coração - nova edição
Quando a vida escolhe
Quando chega a hora
Quando é preciso voltar

Se abrindo pra vida
Sem medo de viver
Só o amor consegue
Somos todos inocentes
Tudo tem seu preço
Tudo valeu a pena
Um amor de verdade
Vencendo o passado

Ana Cristina Vargas

A morte é uma farsa
Em busca de uma nova vida
Em tempos de liberdade
Encontrando a paz
Intensa como o mar

Amadeu Ribeiro

O amor nunca diz adeus
A visita da verdade

Eduardo França

A escolha
A força do perdão
Enfim, a felicidade

Lucimara Gallicia

O que faço de mim?
Sem medo do amanhã

Sérgio Chimatti

Apesar de parecer... ele não está só
Lado a lado

Leonardo Rásica

Luzes do passado

Márcio Fiorillo

Em nome da lei

Flávio Lopes

A vida em duas cores
Uma outra história de amor

Floriano Serra

Nunca é tarde
O mistério do reencontro

Evaldo Ribeiro

Eu creio em mim

Marcelo Cezar

A última chance

A vida sempre vence - nova edição

Ela só queria casar...

Medo de amar - nova edição

Nada é como parece

Nunca estamos sós

O amor é para os fortes

O preço da paz

O próximo passo

O que importa é o amor

Para sempre comigo

Só Deus sabe

Um sopro de ternura - edição revista e atualizada

Você faz o amanhã

Mônica de Castro

A atriz - edição revista e atualizada
Apesar de tudo...
Até que a vida os separe
Com o amor não se brinca
De frente com a verdade
De todo o meu ser
Gêmeas
Giselle – A amante do inquisidor - nova edição
Greta
Jurema das matas
Lembranças que o vento traz
O preço de ser diferente
Segredos da alma
Sentindo na própria pele
Só por amor
Uma história de ontem - nova edição
Virando o jogo